YO-KAI WATCH®

LE MAÎTRE DES ILLUSIONS

Novélisation : Élizabeth Barféty.
Conception graphique : Célia Gabilloux.

Hachette Livre, 58, rue Jean-Bleuzen, 92178 Vanves Cedex.

YO-KAI WATCH®

LE MAÎTRE DES ILLUSIONS

hachette
JEUNESSE

Les Yo-kai

Personne ne les voit, pourtant, les Yo-kai sont partout ! Ces esprits farceurs provoquent toutes sortes de problèmes dans la vie de tous les jours. Répartis en huit tribus, les Yo-kai ont tous des caractères différents. Certains empêchent les humains de dormir, d'autres les poussent à révéler leurs secrets… Bref, les Yo-kai peuvent se montrer particulièrement énervants !

Nathan

Nathan est un jeune garçon
tout ce qu'il y a de plus normal!
Un peu trop à son goût, d'ailleurs.
Eh oui : comment la jolie Katie
pourrait-elle le remarquer
s'il n'a rien de spécial?
Mais tout ça, c'était avant
sa rencontre avec Whisper!
Car maintenant, Nathan est le seul
à voir les Yo-kai, et il a une mission :
régler les problèmes
provoqués par
ces petits êtres !

Jibanyan

Comme tous les Yo-kai de la Tribu des Mignons, Jibanyan est adorable ! Courageux et impulsif, il adore se battre, mais il manque de prudence ou de concentration…

Whisper

On ignore à quelle tribu appartient le premier Yo-kai rencontré par Nathan. En revanche, ce que l'on sait, c'est que Whisper adore parler ! Son rôle : guider Nathan dans l'univers mystérieux des Yo-kai.

La Yo-kai Watch

C'est Whisper qui a donné cette montre extraordinaire à Nathan. Grâce à elle, le garçon peut voir les Yo-kai qui vivent dans le monde des humains, mais aussi leur parler. Mieux encore, une fois que Nathan s'est lié d'amitié avec un Yo-kai, il reçoit un médaillon, qu'il peut ensuite insérer dans sa Yo-kai Watch pour l'appeler à la rescousse en cas de besoin !

Les amis de Nathan

Katie est une fillette intelligente, gentille et très populaire. Pas étonnant que Nathan soit secrètement amoureux d'elle !

Matthieu, surnommé « Matt », est le confident de Nathan. C'est un fan de nouvelles technologies, qui ne croit qu'en la science.

Contrairement à ce que son physique de grand costaud pourrait laisser penser, **Rémi ou « Balaise »** est un garçon adorable !

1 UNE JOURNÉE INFERNALE

Aujourd'hui, à l'école, l'ambiance est très particulière, et pour cause : c'est la fête des amoureux ! Toutes les filles ont préparé un cadeau pour le garçon de leurs rêves. Et elles sont très excitées à l'idée de le lui offrir.

Quant aux garçons, eux… ils sont inquiets !

– Ça va être super ! s'enthousiasme Mina, une camarade de classe de Nathan.

Une autre fille, Alexia, explique à son amie :

– Tu sais, les garçons ne font jamais le premier pas…

Évidemment, la jolie Katie ne fait pas exception à la règle, et se réjouit elle aussi. Elle interroge son amie Sarah :

– Et toi, c'est qui ton amoureux ?

– C'est un secret, répond Sarah, avec un petit sourire.

Mais je peux te dire qu'il est très mignon…

– Figure-toi que, moi aussi, j'ai un garçon en vue ! annonce Katie.

Un peu plus loin, Nathan, Matthieu et Rémi observent la joie des filles avec méfiance.

Nathan ne peut s'empêcher d'espérer… Et si la jolie Katie parlait de lui ? Mais il a beau rêver, hors de question de l'avouer à ses meilleurs amis. Il ne veut pas qu'on se moque de lui !

– Cette journée va être un véritable enfer ! déclare Matthieu.

Nathan soupire. C'est vrai que si Katie offre son cadeau à un autre garçon, il ne va pas vivre un très bon moment.

– Alors là, je suis d'accord avec toi, répond-il donc à son ami.

Rémi, lui, ne voit pas de problème.

– On ne va quand même pas s'intéresser à ce que les filles manigancent ! s'indigne-t-il.

L'amour, ce n'est pas son truc, à Balaise !

Ses deux amis s'empressent de confirmer. Les garçons ne se préoccupent pas de ces histoires d'amoureux, de cadeaux et compagnie !

– Salut, Matt ! lance soudain une voix, derrière eux.

Tous les trois se retournent et découvrent Nathalie, une fille de leur classe. Sans se laisser perturber par l'air surpris des trois garçons, elle continue :

– Tu sais, tu devrais faire un tour au lac des Coloquintes, à la fin des cours.

Matthieu écarquille les yeux.

– Ah bon ?! Et pourquoi ?

Nathalie tourne la tête vers le fond de la classe et désigne la fillette qui s'y trouve. Elle porte ses longs cheveux noirs coiffés en tresses, de grosses lunettes, et semble très intimidée.

Nathalie se penche vers Matthieu et soulève ses écouteurs pour lui chuchoter à l'oreille :

– C'est Tiphaine. Elle est amoureuse de toi ! À ta place, je ne laisserais pas passer une occasion pareille...

Matthieu ne bouge plus d'un cil. On dirait que cette révélation l'a transformé en statue ! Derrière lui, ses amis grimacent et s'écrient en chœur :

– Qu'est-ce qui vient d'arriver à notre meilleur copain ?

2 DÉCLARATIONS EN SÉRIE

Nathan et Rémi ont raison de s'inquiéter… Alors que Matthieu affirmait quelques minutes plus tôt que les filles ne l'intéressaient pas, le voilà qui se précipite au point de rendez-vous aussitôt les cours terminés ! Visiblement, il est impatient de retrouver Tiphaine…

Ses deux amis le suivent discrètement et se cachent derrière des buissons pour l'espionner.

La fillette est déjà là. Quand elle voit Matthieu arriver, elle

rougit. Puis elle prend une profonde inspiration et se lance.

– Tu sais, je te trouve tellement intelligent, et fort en technologie ! souffle-t-elle. Et puis tes écouteurs vont super bien avec tes cheveux...

Avec un petit rire gêné, Tiphaine résume :

– En gros, je te trouve vraiment sympa !

Nathan et Rémi sont choqués.

– Qu'est-ce qu'elle a dit ? s'étonnent-ils.

Mais le plus surpris de tous... c'est Matthieu ! Il est rouge vif et ne sait plus où se mettre ! Il ne parvient même pas à bredouiller une réponse.

– J'ai un cadeau pour toi, continue Tiphaine.

Matthieu retrouve suffisamment ses esprits pour bégayer :

– Euh… O-Oui ! D'accord… Merci !

Et il s'empare du petit paquet orange que lui tend la fillette.

– C'est pour te dire que je t'aime beaucoup, ajoute-t-elle, avant de s'enfuir en riant.

Matthieu reste immobile. Ses deux amis l'observent, de plus en plus inquiets. En voyant qu'il reste une nouvelle fois bloqué, ils se décident à le rejoindre.

– Hé, t'as carrément eu droit à une déclaration ! lui lance

Rémi, moqueur. T'es un vrai séducteur !

Mais avant que Matthieu n'ait eu le temps de leur répondre, une voix de fille s'élève dans leur dos.

– Excusez-moi…

C'est Mina, qui vient de surgir de nulle part.

– Encore une fille ?! s'exclame Rémi, qui en a plus qu'assez.

Nathan et lui ont un mouvement de recul. Mina serre contre elle un paquet en forme de cœur. C'est sûr, elle vient pour parler à l'un d'eux. Oui… mais lequel ?

La réponse ne tarde pas…

– Tu veux bien qu'on discute seul à seul, mon Mimi ? demande la fillette.

Nathan se prend la tête entre les mains : Mina a utilisé le

petit nom de Rémi, celui que lui donne sa mère. La honte ! C'est encore pire qu'il le craignait…

Pourtant, Balaise accepte de suivre Mina jusqu'à un banc, un peu plus loin. Là, la fillette reprend :

– Tu sais, Mimi...

– Ouais, quoi ? interroge le garçon, toujours aussi indifférent.

Il s'applique à regarder ailleurs, pour bien montrer que ces histoires de filles ne l'intéressent pas du tout.

– Ce qui me plaît chez toi, c'est ton côté fort et sensible à la fois, souffle Mina, qui ne

semble pas gênée par l'attitude du garçon.

– Tu es sérieuse ? demande ce dernier, surpris.

– Je t'ai apporté un cadeau, poursuit Mina.

Cette fois, Nathan est tout seul derrière son buisson…

enfin presque, car Whisper fait soudain son apparition à ses côtés !

3

IL FAUT SAUVER NATHAN !

Le Yo-kai blanc a toujours été un peu gaffeur… et ce n'est pas près de changer !

– Waouh ! lance-t-il à Nathan. Tu dois être très content que tes meilleurs copains aient tous les deux reçu des cadeaux aujourd'hui, non ?

Whisper ne s'attendait pas à la réaction de Nathan. Quand il tourne la tête, il découvre le garçon couché dans l'herbe, les yeux fermés. Visiblement, ces histoires de fête des amoureux ne lui plaisent pas du tout…

– On est en train de le perdre ! hurle le Yo-kai, avec une expression paniquée.

Aussitôt, il s'imagine en médecin urgentiste dans un grand hôpital. Sa mission ? Sauver la vie du pauvre Nathan, dont le cœur a manifestement été brisé.

– Ses organes ne répondent plus, son cœur va lâcher, déclare-t-il à ses deux collègues imaginaires. Il est le seul à ne pas avoir reçu de cadeau pour la Saint-Valentin. Il est en état

de choc, j'ai peur qu'on ne réussisse pas à le réanimer !

Le Yo-kai a décidément une imagination débordante... Il feint à présent de consulter des appareils de mesure. Sur l'écran, les battements du cœur de Nathan ralentissent... puis finissent par s'arrêter complètement !

Le médecin Whisper bondit pour pratiquer un massage cardiaque à son patient, tout en criant :

– Nathan, réveille-toi ! Tu n'as pas d'amoureuse... mais tu m'as, moi !

Malheureusement, rien à faire : son patient reste immobile.

– Ça ne suffit pas ! s'écrie le Yo-kai. Passez-moi le défibrillateur !

Ses assistants imaginaires lui tendent l'appareil, qui sert à envoyer de l'électricité dans le

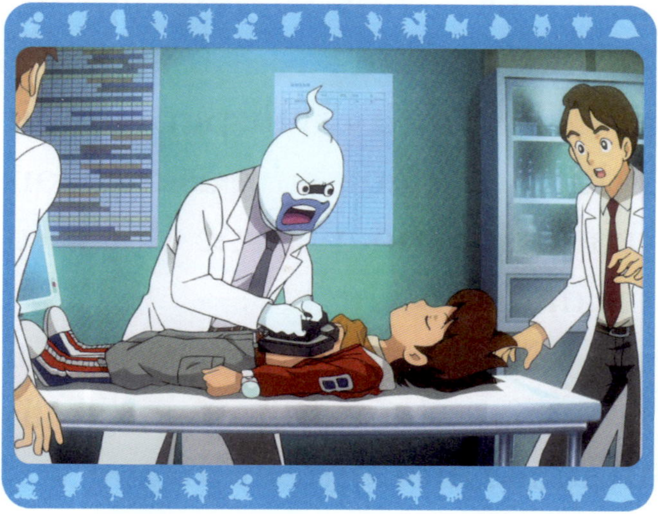

corps d'un patient, afin de ranimer son cœur.

Le Yo-kai s'en empare et l'utilise… sans résultat. Il ne reste plus qu'une solution : le bouche-à-bouche !

– Je vais te sauver, Nathan ! annonce Whisper en approchant ses lèvres de son ami.

Voilà ce qu'il fallait pour réveiller le garçon, que ce soit dans l'imagination de Whisper ou dans la vraie vie !

Nathan repousse le Yo-kai de la main et se redresse enfin. Il n'a pas l'air content du tout.

– Je n'y comprends rien ! Comment Matt et Balaise peuvent-ils plaire à des filles ? s'énerve-t-il. Encore un coup d'un Yo-kai, c'est sûr !

Alors qu'il s'éloigne, Whisper marmonne :

– Oh, Nathan… Je crois surtout que tu es vexé !

Le garçon se précipite vers l'aire de jeux de la cour de récréation.

– Où te caches-tu, maudit Yo-kai ?! hurle-t-il en activant sa Yo-kai Watch.

Il braque le rayon lumineux autour de lui… et, soudain, une forme noire apparaît sur l'un des jeux de la cour ! Son pouvoir s'étend jusqu'à Rémi, qui avance un peu plus loin.

– Je te tiens ! s'exclame Nathan. Je le savais : c'est un Yo-kai qui nous joue des tours !

– C'est reparti ! souffle Whisper.

Le Yo-kai qui flotte dans les airs devant eux ressemble un peu à un hibou, avec une barbichette et de longs sourcils blancs, qui se prolongent comme des nuages autour de son crâne. Il est habillé d'une

veste et d'un kimono, et porte un large collier.

– J'avoue, j'avoue, tu m'as trouvé ! chantonne-t-il.

Whisper a dégainé son Yo-kai Pad et explique :

– Je te présente Hiblusion. Il crée des illusions, fait surgir des apparitions et provoque des hallucinations.

Nathan fronce les sourcils et pointe un index accusateur vers le Yo-kai.

– Je n'apprécie pas d'avoir été mis à l'écart de ton illusion concernant les filles !

– C'est vrai, ça ? interroge Whisper.

Nathan se souvient qu'il a prétendu le contraire, le matin même. Alors il ajoute :

– Je sais que ce n'est pas logique… mais je veux qu'on fasse attention à moi, c'est comme ça !

Whisper n'en revient pas.

– Quoi ? Tu veux faire semblant d'avoir une amoureuse ? demande-t-il.

Mais Nathan ne lui répond pas. Il observe Hiblusion, plein d'espoir. Ce dernier pousse un cri et brandit un bâton. Un mystérieux rayon magique s'en échappe…

– Il va le faire ! s'écrie Nathan, ravi.

Whisper est moins enthousiaste.

– Je ne suis pas sûr qu'on puisse lui faire confiance, remarque-t-il. C'est un illusionniste !

Et le Yo-kai blanc a raison. Les secondes défilent… et rien ne se passe ! Hiblusion refuse visiblement d'exaucer le souhait de Nathan…

4 LE MAÎTRE DE L'ILLUSION

Nathan n'apprécie pas du tout que le Yo-kai lui résiste.

– Tu te moques de moi ou quoi ? s'énerve-t-il en insérant un médaillon dans sa Yo-kai Watch.

Il décide d'invoquer un Yo-kai pour lutter contre Hiblusion.

– Allez, mon ami ! À toi de jouer, Jibanyan ! Médaillon Yo-kai, activation !

Aussitôt, le chaton fait son apparition.

– Bonjour, Nathan ! Tu as besoin de *moiou* ?

– Oui ! Débrouille-toi pour qu'Hiblusion obéisse à mes ordres ! commande Nathan, furieux.

Le chaton jette un coup d'œil gêné au Yo-kai qui flotte à côté de lui.

– Je ne sais pas, c'est délicat, marmonne-t-il. Je n'ose pas trop manquer de respect à un ancien...

Jibanyan ne se rend pas compte que, pendant qu'il hésitait, Hiblusion lui a lancé un sort !

Nathan tente de l'avertir... mais il est déjà trop tard. Quand le chaton regarde autour de lui, il ne voit plus la réalité, mais ce dont il rêve !

– Oh ! Une montagne de chocolat ! s'exclame Jibanyan en se précipitant un peu plus loin dans la cour.

Il bondit pour dévorer la pile de gigantesques barres chocolatées qui vient d'apparaître.

– Miam, miam ! Délicieux ! s'exclame-t-il en grignotant. Je me régale !

En réalité, le pauvre Jibanyan est en train de lécher l'un des jeux de la cour…

– L'illusion lui a fait perdre la tête, explique Whisper.

Nathan est révolté : décidément, il faut arrêter ce Yo-kai !

– Je ne peux pas assister à ce spectacle honteux plus longtemps ! s'écrie-t-il.

Whisper écarte les bras, en signe d'impuissace.

– Qu'est-ce que tu comptes faire, maintenant ?

– J'ai une idée, réplique le garçon. Je sais qui appeler !

Il brandit un second médaillon Yo-kai sous le nez de Whisper.

– Tu plaisantes, j'espère ! rétorque ce dernier.

Mais Nathan ne l'écoute pas.

– La dernière fois, ça a marché !

Il insère le médaillon dans sa Yo-kai Watch, puis s'exclame :

– Allez, mon ami ! À toi de jouer, Corniot ! Médaillon Yo-kai, activation !

Le chien à tête d'homme surgit dans la cour de récréation. Ce Yo-kai un peu déprimé passe son temps à semer la pagaille en ville et à se faire arrêter par la police… Mais il a déjà aidé Nathan par le passé.

Cette fois encore, Hiblusion ne perd pas une seconde et lance un de ses sorts.

Immédiatement, Corniot est enveloppé de lumière… À son tour, il est victime d'une hallucination ! Il voit des dizaines de filles réunies devant lui. Toutes portent de jolis paquets cadeaux.

– Corniot est tellement cool ! déclare la première.

– Oui, c'est vrai, je suis fan de lui, approuve une deuxième.

Les unes après les autres, les filles confessent leur amour pour Corniot. Le Yo-kai est ému aux larmes. Jamais il n'aurait osé rêver d'un pareil succès ! « C'est un vrai miracle ! » songe-t-il, bouleversé.

– Je suis comblé. Je ne mérite pas un tel bonheur ! déclare-t-il à voix haute.

Nathan est dépité.

– Il est fort, ce hibou ! reconnaît le garçon.

– C'est bien le maître de l'illusion, confirme Whisper. Il est arrivé troisième aux derniers Jeux Yo-kailympiques…

5

LE RÊVE DE NATHAN

Il en faudrait plus pour décourager Nathan. Il ne manque pas d'imagination, lui non plus !

– Je veux mon rendez-vous galant ! s'exclame-t-il.

Déterminé à ne pas se laisser faire par Hiblusion, il rassemble ses forces et frappe dans un ballon de foot qui traînait justement là. Devant la cage, Hiblusion joue les gardiens… Mais impossible pour le Yo-kai d'arrêter le boulet de canon que vient d'envoyer Nathan.

C'est le but !

Gagné : le médaillon d'Hiblusion apparaît dans les airs, avant d'atterrir dans la main du garçon.

– Bien joué, Nathan ! Tu l'as eu ! le félicite Whisper.

– Merci beaucoup, Hiblusion ! triomphe le garçon en levant le poing en l'air. Maintenant, donne-moi mon miracle !

Et, tout à coup, une voix s'élève dans son dos. Une voix que le garçon connaît très bien…

– Salut, Nathan !

Il se retourne et bredouille :

– Ah, c'est toi, Katie ?

– Je t'ai vu shooter dans le ballon, dit la fillette avec un petit rire.

– Oh, ce n'est rien du tout ! Je m'entraînais un peu, déclare Nathan, faussement modeste.

Katie sourit, puis fait un pas vers lui, pour lui tendre un petit paquet rose.

– C'est pour toi.

Nathan écarquille les yeux, stupéfait.

– Un cadeau pour moi, c'est vrai ? demande-t-il, ravi.

– Mais oui ! confirme Katie.

Il le prend et remercie :

– C'est très gentil !

Nathan est ému. Non seulement il a eu son cadeau, lui aussi… mais, en plus, c'est Katie, la fille dont il est secrètement amoureux depuis toujours, qui le lui a offert !

« C'est arrivé, enfin ! » songe-t-il, émerveillé.

Incapable de se retenir plus longtemps, il bondit de joie en chantonnant :

– J'ai eu mon cadeau ! Je suis tellement impatient de l'ouvrir !

Un peu plus loin, Whisper l'observe en soupirant :

– Ah, là, là ! Les humains…

Hiblusion passe au-dessus de Nathan à ce moment-là…

Le garçon est enveloppé dans un rayon lumineux. En réalité, il est lui aussi victime d'un sort du Yo-kai !

– Depuis le début, Hiblusion te mène par le bout du nez, lâche Whisper.

Le Yo-kai se sent bien seul dans cette cour où tout le monde est perdu dans ses rêves : Jibanyan, Corniot, et maintenant Nathan...

– Ce n'est pas un drame, se raisonne-t-il. Après tout, parfois, mieux vaut vivre dans ses rêves que dans la réalité !

Pauvre Nathan... lui qui croyait que Katie l'avait enfin remarqué ! Il risque d'être déçu quand l'illusion provoquée par le Yo-kai hibou se dissipera. Décidément, vivre parmi les Yo-kai, ce n'est pas de tout repos !

FIN

Retrouve vite Nathan et les Yo-kai pour une nouvelle aventure !

Tous tes héros sont sur :
www.bibliotheque-verte.com

As-tu lu les premiers tomes des aventures de Nathan ?

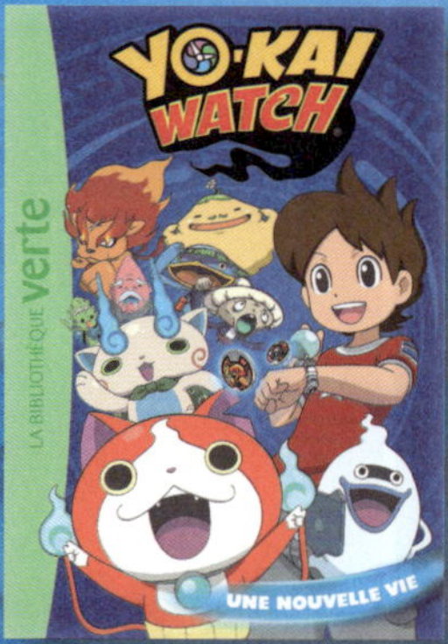

Tome 1

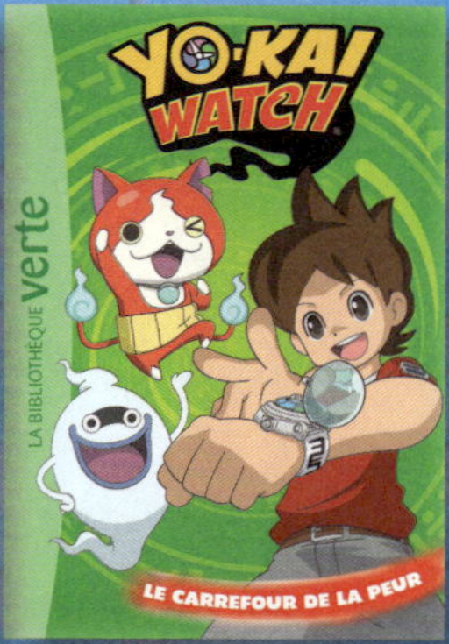

Tome 2

Tome 3

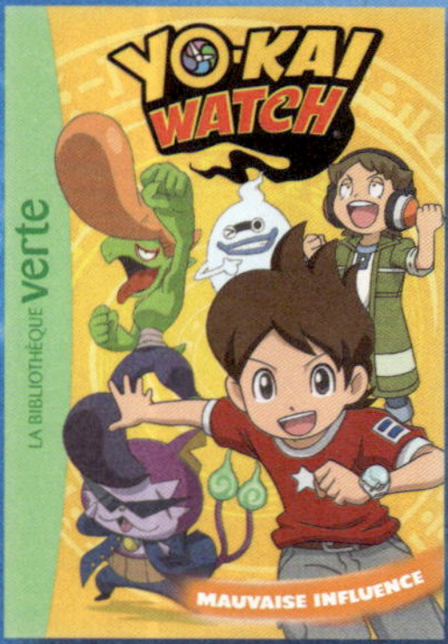

Tome 4

Tome 5

HIBLUSION

MYSTÉRIEUX

Ce Yo-kai crée des illusions, fait surgir des apparitions et provoque des hallucinations chez les gens qu'il envoûte.

TABLE

1. Une journée infernale 9
2. Déclarations en série 17
3. Il faut sauver Nathan ! 27
4. Le maître de l'illusion 39
5. Le rêve de Nathan 49

hachette s'engage pour l'environnement en réduisant l'empreinte carbone de ses livres. Celle de cet exemplaire est de :
300 g éq. CO_2
Rendez-vous sur
www.hachette-durable.fr

PAPIER À BASE DE FIBRES CERTIFIÉES

Photogravure Nord Compo - Villeneuve-d'Ascq

Imprimé en Espagne par CAYFOSA
Dépôt légal : avril 2017
Achevé d'imprimer : mars 2017
36.6883.7/01 – ISBN 978-2-01-625574-2
Loi n° 49956 du 16 juillet 1949
sur les publications destinées à la jeunesse